1913. Decembre 9

VENTE DU 9 DÉCEMBRE

1913

Salle des Commissaires-Priseurs

N° 46, RUE SAINT-NICOLAS

A ROUEN

EX-LIBRIS
VUES
PORTRAITS
DOCUMENTS DIVERS

MM. MAYNIER et BRIMEUR, Experts.

GRANDE IMPRIMERIE DU CENTRE
F. HERBIN & H. BOUCHÉ, MONTLUÇON

COLLECTION

D'UN

AMATEUR NORMAND

EX-LIBRIS
VUES
PORTRAITS
DOCUMENTS DIVERS

LA VENTE AURA LIEU

LE NEUF DÉCEMBRE 1913

à deux heures précises du soir

SALLE DES VENTES, nº 46, rue Saint-Nicolas

à ROUEN

Par le ministère de l'un de MM. les Commissaires-Priseurs

Assisté de MM. MAYNIER et BRIMEUR, libraires-experts

54, rue de Seine, Paris.

EXPOSITION PUBLIQUE

Le matin de la vente, de 9 à 11 heures

CONDITIONS DE LA VENTE

La vente se fait expressément au comptant.

Les acquéreurs paieront 10 pour cent en sus des enchères.

Les experts chargés de la vente rempliront les commissions des personnes qui ne pourraient y assister.

CATALOGUE

DE LA

COLLECTION D'EX-LIBRIS

ET DE

DOCUMENTS, GRAVURES, ETC.

PROVENANT D'UN

AMATEUR NORMAND

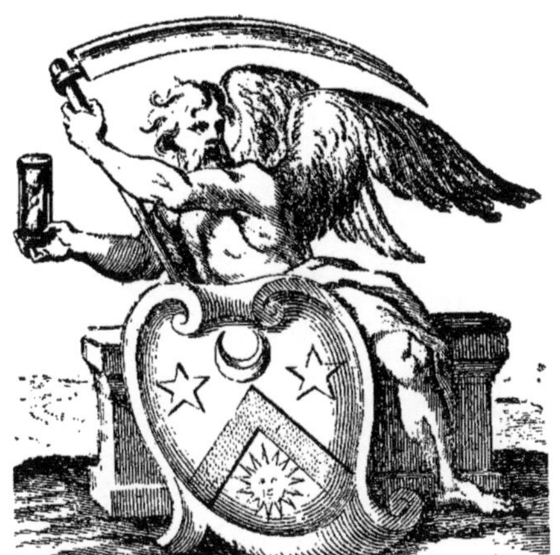

N° 66 du Catalogue

ROUEN

1913

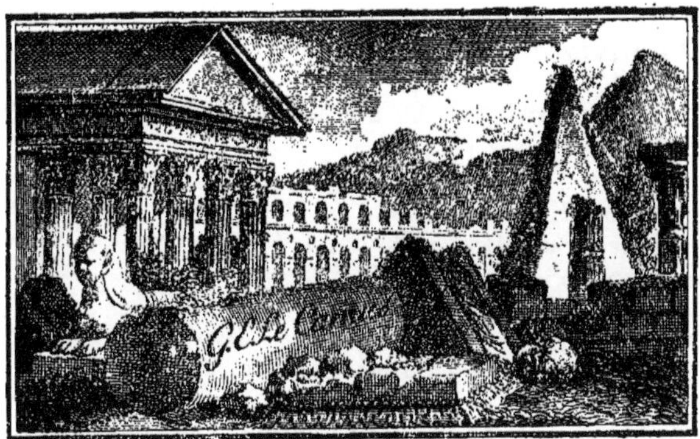

N° 68 du Catalogue.

EX-LIBRIS

1. — **Aigrefeuille.** — D'Arenberg. — Aubaret. — Bengy. — Ch. Blarer von Wartensee. — Chamillart, etc. 13 pièces.

2. — **Allemans.** — Amé de St-Didier. — Arbanère. — Arenberg. — Argenson. — D'Artus, etc. 10 pièces.

3. — **Anonyme.** D'argent au griffon tenant un épi de blé accosté de cinq besants. Signé : *G. Le Clerc F.*

4. — **Anonyme.** De gueules à une tête de cheval, acc. de huit besants d'or. Gravé par *Roy*, 1741.

5. — **Anonymes** héraldiques et à initiales. 9 pièces.

6. — **Anonymes** héraldiques. 10 pièces.

7. — **Anonymes** héraldiques. 8 pièces.

8. — **Anonymes** héraldiques. 8 pièces.

9. — **Anonymes** héraldiques. 9 pièces.

10. — **Anonymes** héraldiques. 12 pièces.

11. — **Archambault** (D. D. d'), par *A. Sergent à Chartres,* 1770. Jolie pièce.

12. — **Arconville.** — Arenberg. — Barberot d'Autet. — Baulard. — Balatier de Mas. — Baron, 2 états. — Baschi d'Aubais. — Bauffremont. — De Beauvais Raseau. 10 pièces.

13. — **Armancy** (D'). — De Bellaud. — Berryer. — Berthelot de La Villeheurnois. — De Biencourt, etc. 10 pièces.

14. — **Balatier de Mas.** — Bauffremont. — Boscheron. — Boudon de Saint-Amans. — Bourgevin de Vialart de Moligny. — De Bourgogne, par *Roy.* — De Bourcheil, par *Laporterie.* — Bouthillier de Chavigny. — Marquis de Boutet. — Bouvard de Fourqueux. 10 pièces.

15. — **Bavière** (Duc de). Jolie pièce in-4°.

16. — **Belot Villette** (De), en Franche-Comté.

17. — **Bengy.** — Berthet de Puydigon. — De Béthune. — Bibliothèque de Saint-Marc à Venise. — De Bisthoven (réparé). — De Bona. — Bœrio. — Comte de Borch. — Bibl. Borniana. 10 p.

18. — **Blanriez** (De). — De Bona. — Comte de Borch. — Bouillet d'Arlod. — Bourgevin. — De Bourgongne, par *Roy.* — Marquis du Boutet. — De Brosses, par *Durand,* etc. 9 pièces.

19. — **Boscheron,** gravé par *Berthault,* 1777. — Du Boutet. — Brancas-Céreste. — Bretin. — De Brienne, par *C. N. Varin.* — Briois d'Hulluch, par *Merché à Lille.* — De Brisay. — De Brosses, par *Aveline.* — Vicount Bruce, 1772. — Brunschwig-Œls. 10 pièces.

20. — **Brallet.** Gravé par *Jos. Gamot.* Jolie pièce.

21. — **Broglie.** — Cannac, 2 var. — Carbon. — De Catellan. — De Celon. — De Champcenetz. — De Chaulnes, etc. 10 pièces.

22. — **Brusset**. — Bruyunincx. — Bullion de Fontenay. — Burgillgen. — Caffarelli, 2 pièces différentes, etc. 10 pièces.

23. — **Burckhard** (J.-H.), médecin. Gravé par *Scotin, à Paris*, 1715.

24. — **Caix de Saint-Aymour**. — Cambon, gr. par *Mercadier*. — Canclaux. — Collège de Canterbury. — Carbon, 2 pièces par *Baour*. — Abbaye de Carouges. — Caumartin, 2 variantes. — Caylus de Rouairoux. 10 pièces.

25. — **Cassoti**, par *Gay*, pièce in-4° oblongue. — Philippe Burty, gr. par *Bracquemond*. — Pauline Etevenon, par *Varin*. — Armoiries, etc. 7 pièces.

26. — **Caumartin de Saint-Ange**. — Chavanne. — Gr. Chotek. — Collège d'Alost. — Collin. — Franc. Coppette, etc. 8 pièces.

27. — **Cayeux**. — Chamillart. — De Chamont. — Chapel d'Estagny. — Duchesse de Chaulnes. — Chavagnac. — Jacques Chavane. — Antoine Chevalier, gr. par *J. Collin*. — Choiseul. — Ainard de Clermont-Tonnerre, gr. par *Viotte*. 10 pièces.

28. — **Cerda** (J.-L.). Rare.

29. — **Chavagnac**. — Cottin-Dumoutier. — Deshayes de Forval. — Du Parc de Locmaria, etc., 12 pièces.

30. — **Choart**. — Collalto. — Colloredo. — Convers. — Etc. 7 pièces.

31. — **Choiseul**. — Chopard. — Choteck. — Chrestien. — Christoff. — Clary de St-Angel. — Clerguet. — Clermont. — Gallerande. 9 pièces.

32. — **Coqueley de Chaussepierre**. Rare.

33. — **Cornaro**. — Coquereau. — Conte. — Comtes de Lyon. — H. D. Cottin. — Cottin. — Collège de Coutances. — Couvent de Saint-Lazare à Paris. — Cramer. 11 pièces.

31. — **Corréard.** — Costa de Beauregard. — Costard de Bursard. — Cottin, 2 variantes. — Courtin de Tanqueux. — Cramer. — Damas d'Anlezy. — Damours, etc. 11 pièces.

35. — **Cottin.** — De Cressia. — Croze de Lincel. — Convers. — Darmand. — Delasalle Saint-Bois. — Delahaye des Fosses. — Delfino. — Derey. — J.-B. Descamps, par *N. Le Mire.* 10 pièces.

36. — **Damas d'Anlezy.** — Aubin. — Aubry, par *Martinet.* — Ballière, de Rouen, par *Jacques.* — J. de Bellaud. — Cannac. De Celon, etc. 20 pièces.

37. — **Damours.** — Dampoigné. — Abbé de Dangeau. — Davollé, en bistre. — De Buissy, par *Choffard.* — Rosé de Champavert. — De Chavaudon, etc. 10 pièces.

38. — **Delaleu,** par *Montulay.* — La Maillardière. — Delcambre aîné. — De La Marck. — De La Michodière. — Delaplace. — J.-B. Descamps, par *N. Le Mire.* — Descamps de St-Amand, etc. 8 pièces.

39. — **Desains.** — De Labastie. — Le Prince au Mans. — Le Maire, par *Brenet.* — Des Ligneris. — Maridort, par Chabany. Fyot, par Durand. — Moreau d'Hémery, par *Moreau,* etc. 10 pièces.

40. — **Deschamps** (Fr.), conseiller à la Cour des Monnoyes de Lyon, 1746. Jolie pièce, rare.

41. — **Desligneris,** dess. par *Gravelot.* — Desloges. — Dezauche. — Dubois. — Dufau. — J. F. J. Dumont. — Durand à Senlis. — Durranc, au pochoir. — Fabry d'Augé. — Faivre du Bouvot, etc. 11 pièces.

42. — **Dezauche.** — Dillon. — Dompierre d'Hornoy. — Dubniez. — Dubois de Courval. — Dumont. — Du Rosnel. 10 pièces.

43. — **Dillon.** — Duval. — Faultrières. — Félibien, 2 formats. — Fassion. — Favre. — De Fenille, par *Durand.* 10 pièces.

44. — **Duché**. Gravé par *Marillier*, d'après de *Launay*, 1779.

45. — **Dumars de Vaudoncour**, par *Nicole*. — Dumont. — Fauvel. — De Freval. — Gay de Marnoz. — Delahaye des Fosses. — Delaleu, notaire, etc. 10 pièces.

46. — **Du Raget d'Arceville**. — Ficquet du Bocage. — Geoffrin. — Hocquart de Montfermeil. — Hennequin. — Joubert. 11 pièces.

47. — **Estienne de Sainte-Colombe**. — Gay de Marnoz. — Pasquier de Messange, etc. 7 pièces.

48. — **Félibien** (André), 1650. — Fievet. — Fevret. — Flamen d'Assigny. — Gaillard, chanoine de Rouen. — Bibl. de Gambais. — Garat. — Gaussen, etc. 10 pièces.

49. — **Fenille**. — F. G. M. — Fiévet. — Fiquet de Bocage. — Filliard, gr. par *Féron*. — Fleurant. — Chevalier de Fleurieu, 2 variantes. 8 pièces.

50. — **Formentin**, par *Chollet*. — N. G. Foucault. — Foulon. — B. H. de Fourcy. — Frizon de Blamont, 3 variantes. — Froment, 2 différents. Ensemble 9 pièces.

51. — **France** (Bibliothèque de Madame Victoire de). Gravé par *C. Baron*. Rare.

52. — **Frougas**. — Furstenberg. — Gattel. — Marquis de Gages. — Gallois, par *Nicole à Nancy*. — Gazzera. — Gaultier de Montgeroult. — Gentil-Muiron. — Gignoux. — Gillingham, 1703. 10 pièces.

53. — **Gaussen**. — Genée des Tournelles, chan. de Meaux. — Geuffrin. — Gillet, 1778, en noir et en vert. — Gougenot. — Hemey. — Pres. Hénault, par *Boucher*. — G. Henry, par *F. Huot*, etc. 10 pièces.

54. — **Gay de Maruoz**. — Desains. — Gigot d'Orcy, etc. 17 pièces.

55. — **Geoffroy** (M. Fr.), pharmacien de Paris, in-12.

56. — **Gillet** (Jean-François). — Giraud. — Gottocheri. — De Gourgue. — D. Godefroy. — Granian de la Croix. — Greuter, en bistre. — Guibert. — Hasselaer. 9 pièces.

57. — **Grognard** (François). Curieux ex-libris.

58. — **Hénault** (Président), gr. par *François Boucher*. — Henrion, par *Roy*. — Herbaut, par *Jouvenel*. — Hespel de Flencques. — Hoffmann, par C. F. — Honoré du Locron. — Hugon. — Hugon de Bassville. 11 pièces.

59. — **Héricourt**(M. d'). — D'Houdemare. — L. P. d'Hozier, 2 variantes. — Jaillot. — Jehannot de Beaumont, par *Allin*. — Josse. — Juteau. — De Juvenel. 11 pièces.

60. — **Hugon de Bassville**. — Humbelot de Villiers. — Huytens. — Herbiers. — Hurson. — Pierre Jacquinet. — Jehannot de Beaumont, par *Allin*. — Marquis de Juigné. — La Fenêtre. — Laforest. 10 pièces.

61. — **Joncquoy** (J. de), abbé de Marchiennes, XVIIe s.

62. — **Labastie** (D. C. de). — De Lacour d'Amonville. — De La Cressonnière. — La Cropte de Bourzac, Evêque de Noyon. — De Lanau, par *Michel*. — Le Boucher de Richemont, etc. 10 pièces.

63. — **Lalaure**. — La Ménadière. — Langeron. — Larcher. — Larguier. — La Rive. — Marquis de La Rochefoucauld. — La Trémoille. — Laus de Boissy. 8 pièces.

64. — **Langlois de Cretteville**. — Ledoux. — Le Dru. — De Maistre. — Nourrisson, etc. 10 pièces.

65. — **Laus de Boissy**. — Lavoisier. — La Trémoille. — Le Blanc. — J.-B. Le Boiteulx. — Le Camus. — Ledoux. — Le Febvre du Grosriez de Bécour. — Le Grand. — Lelong. — Lemoine. 11 pièces.

66. — **Le Besgue** (Jean) de Beauvais, chanoine de Reims.

67. — **Le Boucher de Richemont.** — Le Bourg. — Ledoux. Le Tors de Chessimont. — Le Maire, par *Brenet.* — Le Seigneur. Le Sieur. — Le Tellier de Courtauveaux, etc. 10 pièces.

68. — **Le Camus** (G.-E.) Jolie et rare pièce, in-12 en larg.

69. — **Le Pelletier de Martainville**, par *François*, 2 formats in-12 et in-4.

70. — **Le Prince.** — Le Theil. — Le Vacher du Plessis. — Le Veneur. — Linati, curieux ex-libris avec le portrait du titulaire. — Louis le fils. — S. Malfait, par Durig. 12 pièces.

71. — **Le Prince.** — Maridort. — Marin. — Moreau d'Hémery, par *Moreau*, etc. 10 pièces.

72. — **Lequien de La Neuville.** — Lemoyne de Bellisle. — Le Roux, par *Charlotte Nonot.* — Filippo Linati. — Ben. Linnig. — Loppin de Masse. — Abbaye de Lucelle, 1780. 9 pièces.

73. — **Libert de Beaumont**, par *J. Derond.* — Louis le fils. — Ludwig. — Comte de Luzignem, par *Beugnet.* — Les Augustins de Lyon. — Séraphin Malfait, par *Durig.* — Mangeot, par *Jonveaux.* — Mareschal de Bièvre. — Martin, par *Stallin.* — Maton de la Varenne. 11 pièces.

74. — **Louis le Fils.** — Séraphin Malfait. — Marcol. — Marié Detoulle, deux différents, etc. 9 pièces.

75. — **Manuel** (R. G.), par lui-même. — Mainsonnat, 2 var. — Marquis de Maranville. — Maridort, par *Chabany.* — Marsollier des Vivettières. — Maréchal de Monteclain. — Marié de Toulle. — Ed. Martin, par *Stallin.* — Maton de la Varenne, etc. 12 pièces.

76. — **Marié de Toulle.** — Maton de la Varenne. — Cardinal Maury. — Mayer. — Michon. — Molinier, etc. 10 pièces.

77. — **Maynon de Farcheville.** — De Meaux. — V. Mols, par *Fruytiers*. — Mollevault, par *Collin*. — M. de Montermeil. — Morel d'Espeisses, etc. 11 pièces.

78. — **Médecins** : De Raussin. — Petit. — Morand. — Boyveau. — Louis. — Lemercier. — Lavater. 10 pièces.

79. — **Montigny** (M. de). 2 pièces par Mlle *Le Daulceur*, in-16 et in-8.

80. — **Morellet.** — Mouton-Fontenille. — Nadaillac. — Nicole, en vert. — Noyel de la Noërie. — Oberhueber. 10 pièces.

81. — **Mouchard**, 1732. — De Nicolay. — Odile. — Papion de Tours. — De Pastoret. — De Payan, etc. 10 pièces.

82. — **Musset De Patay**, curieuse pièce, rognée au bas. — Neret. — Ollivier, prêtre, par Chalmandrier. 3 pièces.

83. — **Nack** (J.-B.) ; 2 pièces gravées par M. de St-Hilaire, 1752, et par Wicker.

84. — **Orival** (D'), gravé par *Poisson*, 1787.

85. — **Pagan.** — Maria Pasta. — A. J. Patu. — Perrin de Cypierre. — Petit de Marivats. — Peysson de Bacot, etc. 10 pièces.

86. — **Pecquet de Saint-Maurice.** — Dr Pichault de la Martinière. — Pillury (?). — Johanne de Saumery. — Savoye, etc. 10 pièces.

87. — **Perrin**, par *Demeuse*. — Casimir de Persan. — Peysson de Bacot. — Pinseau de la Ménardière. — De Podio, par *Roy*. — Potier. — Ponchet, etc. 10 pièces.

88. — **Petit.** — Pignatelli. — F.-J. Pins. — De Poilly. — Marquise de Pons. — De Pons-Lorraine. — Des Porcelets. — Poulletier. — R. de Pringy. 10 pièces.

89. — **Pinseau de la Ménardière.** — Salmon de la Maison Rouge. — De Vienne, par *Gosset.* — De Viry, par *Wasset,* etc. 10 pièces.

90. — **Proust de Chambourg.** — Pruvost. — Quinsonnas. — Rapou. — Richelet à Dormans en Champagne. — Richard, par *Bellotty.* — Rohan, arch. de Reims. 10 pièces.

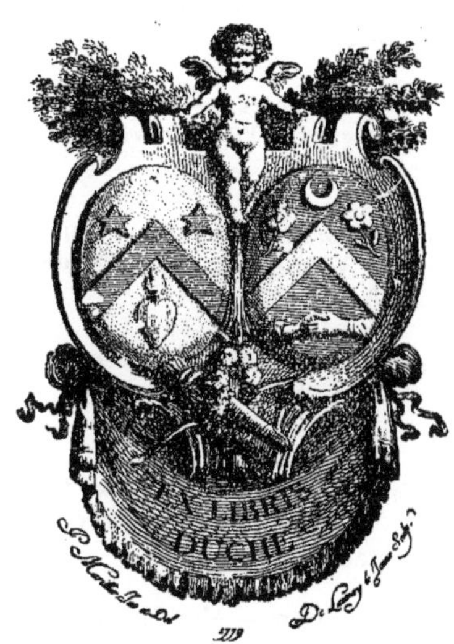

91. — **Pruvost.** — Rolland. — Pasquier de Messange, etc. 9 pièces.

92. — **Pruvost.** – Du Pont de Romémont. — Quarré de Monay. — Rieu. — Robillard. — Roquencourt. — Du Rosnel, etc. 9 pièces.

93. — **Raussin.** — Richard de Ruffey. — Sainte-Croix. — Salmon de Maison-Rouge. — Savoye. — Saunier, etc. 9 pièces.

94. — **Saint-Hilaire** (De). — M. de St-Pol. — Sauzey, avocat. — Saunier. — Sanlot de Bospin. 11 pièces.

95. — **Savoye**. — Von Schell, par *Colin*, 1751. — Scherer. — De Ségur. — De Serans. — Soissan à Avignon. — Tascher, par *Roy*. 8 pièces.

96. — **Scherer**. — See of Carlisle. — Séminaire d'Aix. — Sevrey, avocat, etc. 10 pièces.

97. — **Scherer**. — Surmain. — Villevault. — De Vos. — Von Leonrodt, etc. 13 pièces.

98. — **Talegrand**. — De Tilières. — Vacher, 1768. — Thierry de Ville d'Avray. — De Ségur. — Titon de Villotran. — Valory, etc. 7 pièces.

99. — **Talon**. — De Thilorier. — Valory. — Vanhove. — Verthamon. — Villevault. — Vingt-deux. — Félix de Wavrans, par *Merché* à Lille, etc. 10 pièces.

100. — **Tardivon** (De), prieur de la Platière, en Lyonnais.

101. — Le même.

102. — **Tarin**. — Terrasson. — Thibault, par *Collin*. — Thierry de Ville d'Avray. — Titon de Villotran. — Tourdonnet. — Thiroux de Gervillier, etc. 10 pièces.

103. — **Titon de Villotran**. — Mme de Vassal. — Veimerange. Vichet. — De Vichy. — De Vienne. 8 pièces.

104. — **Vallon**. — Verchère de Reffie. — Villiez. — Voyer d'Argenson — Wessobrunn. — Baron de Wolckhenstein, 1593. 10 pièces.

105. — **Van Bavière**. — R. Sinner. — De Smitmer. — Stock. — Talon. — Thibault, par *Collin*, de Nancy. 9 pièces.

106. — **Xaupi**. — De Vichy. — Verchère de Reffie, etc. 8 pièces.

Ex-libris Normands anciens et modernes

107. — **Ancelot**. — Chardon. — Chapais, de Rouen. — Chef d'Hostel, par *Gouel*. — Clément. — Courtin, accolé de Brisay. — Fiquet du Brocage, etc. 9 pièces.

108. — **Bailleul** (Chr de). — De Balleroy. — C. Ballière, par *Jacques*. — Jérôme Beausire. — Marquis de Blosseville. — De Bougainville. — Boullemer de Thiville, 1814. — Bulteau de Préville, par *Giffart*, 2 formats. Ens. 10 pièces.

109. — **Beausire** (Jérôme). — De Cailly, commissaire des Guerres. — Caulet d'Hauteville. — Chandelier. — De Corday, etc. 7 pièces.

110. — **Bigot de Graveron La Turgère**. — L. E. Bigot. — Aug. Bigot de Vire, (étiquette). 3 pièces.

111. — **Camilly** (Ex musæo equitis de).

112. — **Costard de Bursard**, 1774. — Des Courtils. — Asselin de Crévecœur. — Constant d'Yanville. — Decauville. — Des Mares de Trébons. — Dubosc de Vitermont, 2 diff. — Du Chemin. — Dumoustier de Candy. 10 pièces.

113. — **De Corday**. — De Fréval. — Guillebon. — Jubert de Bouville. — Pinet. Etc. 8 pièces.

114. — **De Fréval**. — De Fourcy. — Gaillard. — Guillebon. — Collège d'Harcourt. Etc. 8 pièces.

115. — **De la Fosse** (François). Jolie et rare pièce signée *I. Toustain*.

116. — **Fécan** (Cl.). — B.-H. de Fourcy. — Le Président Gallois. — Gravelle de Fontaine. — Guillebon. — D'Houdemare,

par *Gouel*, 2 états. — Jubert de Bouville. — Langlois de Cretteville. — Languedor, marquis de Becthomas. 10 pièces.

117. — **Lebourg**. — Le Conte de Nonant. — Le Couteulx, 2 variantes. — Le Peigné d'Oumesnil. — Le Pippre. — Le Veneur. — Mallevoue, signé *Oran, exc.* 8 pièces.

118. — **Le Seigneur**. — Le Normand, évêque d'Evreux, in-4. — Le Bourg, 2 états. — Pontus. — Ronssin, à Rouen, par *Jacques*. — Mis de Ste Croix. — Vauquelin de Vrigny, etc. 12 pièces.

119. — **Marcel** (Eugène). — Jacques Merlet. — Midy de la Grainerais, par *Dorothée Jacques*. — Mouchard. — Nicolay. — Nostre-Dame de Bellosanne. — Pellerin de Gauville, 2 var. — De Simony. 9 pièces.

120. — **Maulnorri**. XVIIe siècle.

121. — **Pellot** (Mgr). Président du Parlement de Normandie, gr. par *Toustain*. — De Robethon. — De Simony. — Thomas du Fossé. — Texier d'Hautefeuille et d'Escoville. — Vicomte de Tillières. — B. Turgot, évêque de Séez, 1717. — Vaufreland, 9 pièces.

122. — **Quiquebeuf de Rossy**.

123. — **Y. de Séraucourt**, prêtre de Reims, vicaire général de Rouen. Jolie pièce peu commune.

---

124. — **Ex-libris modernes**, par *Boulet, Monnier, Ch. Fichot Agry*, etc. 50 pièces.

125. — **Ex-libris modernes**. Cossé-Brissac. — Chabeuf. — Galiffet. — Hervier. — Lermina. — Mantin. — Pastoret, etc. 50 pièces.

126. — **Berryer**. — Tissandier. — Pastoret. — Pereire, etc. 20 pièces.

Portraits, Vues
Autographes et Curiosités diverses

127. — **Portraits rouennais.** 10 pièces.

128. — **Rouennais célèbres.** 14 portraits.

129. — **Clémence,** chanoine de l'Eglise de Rouen, né au Havre. — Le Gendre, né à Rouen en 1655. 2 beaux portraits anciens.

130. — **Corneille.** 10 portraits.

131. — **Gibbes,** médecin. — Charles de Bourbon, arch. de Rouen. 2 portraits anciens.

132. — **Le Tourneux** (Nicolas), Nicolas et Pierre Brice. 3 portraits anciens.

133. —**Thouret.** — Grossin de Bouville. — Mollien. — Boieldieu. 4 jolis portraits.

134. — **Thouret.** — Menager. — J. Restout. — Le Gendre. — Fr. de Malherbe. 7 portraits anciens.

135. — **Gravures diverses.** Frontispices, costumes, entrée de Charles VII dans Rouen, etc. 15 pièces.

136. — **Tombeau** de Guyot des Fontaines, né à Rouen. Estampe satyrique. — Un chiffonnier de Martinville, lithogr. par E. Bérat. 2 pièces.

137. — **Vues de Rouen,** armoiries, etc. 7 pièces.

138. — **Rouen,** 5 vues lithographiées.

139. — **Rouen.** Vues gravées et lithogr. 12 pièces.

140. — **Vues de Rouen.** 11 pièces.

141. — **Rouen.** Vue perspective, gravée chez *Basset.* Incendie au premier plan.

142. — **Rouen.** Vues d'optique coloriées. 5 pièces.

143. — **Caen.** Vues de l'Eglise Saint-Pierre. 2 lithographies par *Ciceri.*

144. — **Armoiries.** 22 pièces.

145. — **Théâtre des Arts.** Inhumation des victimes de l'Incendie. Curieux placard.

146. — **Adresses illustrées** de marchands rouennais. 7 pièces.

147. — **Brevet d'armoirie** pour Laurent Le Cerf, garde des sceaux du Parlement de Rouen, 1697. Signature de *D'Hozier.* Armoirie peinte.

148. — **Entrée de Henri II** à Rouen en 1550. Programme illustré.

149. — **Nouvelles** de Paris et de Rouen. Placard in-fol.

150. — **Lettres de décès,** documents divers concernant Rouen, tableau des Francs-Maçons de la loge des Bons-Amis de Rouen en 1787 (curieux). 13 pièces.

151. — **Révolution.** Pièces signées Moreau, Parmentier, Carnot, Guillotin, etc. 8 pièces.

152. — **Révolution.** 21 pièces, lettres, documents, assignats, gravures, etc.

153. — **Autographes de célébrités** : Eugène Sue, Bocage, Jules Janin, Auber, Alphonse Karr, Labiche, Parmentier, François de Neufchâteau, etc. 36 pièces.

154. — **Autographes**. Lamartine (fragment de manuscrit), Sainte-Beuve, Camille Doucet, Jules Janin, Esquiros, Ambroise Thomas, etc. 100 pièces.

155. — **Autographes**. Lettres de Vallet de Viriville. — Sœur Rosalie. — Duchesse d'Harcourt. — B. Delessert. — Jasmin. — Désaugiers. — De Ravignan. — Désiré Nisard, etc. 106 pièces.

---

156. — **Rouen**. Les médaillons des mois du musée de Rouen ; par G. Le Breton. *Tours, s. d.*, br. in-4, pap. de Holl. *Planches.*

157. — **Langlois**. (E. H.). Notice sur l'incendie de la cathédrale de Rouen, occasionné par la foudre, le 15 septembre 1822, et sur l'histoire monumentale de cette église. *Rouen*, 1823, gr. in-8, papier vélin, cartonnage de l'édit., non rog., *avec 6 planches en couleurs et en noir.*

158. — **Licquet** (Th.). Rouen ; précis de son histoire, son commerce, son industrie, ses manufactures, ses monumens. *Rouen*, 1827, in-8, demi-rel. dos et coins maroq. vert, non rog., manque le plan. *Orné de 7 gravures hors texte.*

159. — **Rouen** (Lettres sur la ville de), ou précis de son histoire topographique, civile, ecclésiastique et politique, depuis son origine jusqu'en 1826 ; par M. A^{dre} L... de Rouen. *Rouen*, 1826, in-8, br., couv.

160. — Neuf brochures in-8, relatives à l'histoire de Rouen.

161. — **Gilbert**. Description historique de St-Ouen de Rouen. *Rouen*, 1822, in-8, pap. de Hollande. Relié. Orné de gravures d'après E. H. Langlois.

162. — **10 volumes** en reliure ancienne aux armes de Mesdames de France, filles de Louis XV.

163. — **Lemaitre** (Frédérick), le grand acteur. Deux statuettes terre cuite, en pieds, dans ses rôles de *Chopard* et *Fouinard.* Signées : *Courapied*, 1879.

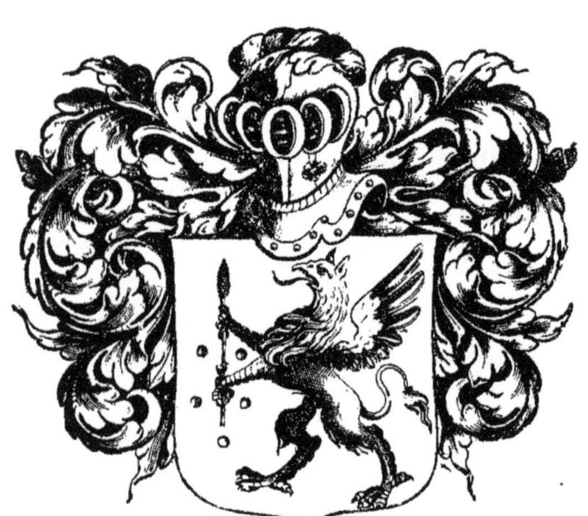

N° 3 du Catalogue.

www.ingramcontent.com/pod-product-compliance
Ingram Content Group UK Ltd.
Pitfield, Milton Keynes, MK11 3LW, UK
UKHW020532180726
13839UKWH00005B/2465

9 782329 503172